CTIM

Aviones de papel

Componer números del 1 al 10

Logan Avery

1 avión hace una pirueta.

2 aviones planean.

3 aviones giran.

4 aviones chocan.

5 aviones bajan.

6 aviones vuelan.

7 aviones aterrizan.

Resolución de problemas

Julia dobla 10 aviones de papel. Unos son rojos y otros son azules.

1. ¿Cuántos de cada color podría tener? Usa objetos o haz dibujos para hallar la respuesta.
2. ¿De cuántas maneras puedes resolver el problema?

Soluciones

1. Las respuestas variarán. Ejemplos:
   2 rojos y 8 azules;
   5 rojos y 5 azules;
   8 rojos y 2 azules

2. Las respuestas variarán, pero deben mostrar que hay más de 1 manera de resolver el problema.

Asesoras

Nicole Belasco, M.Ed.
Maestra de jardín de niños, Distrito Escolar Colonial

Colleen Pollitt, M.A.Ed.
Maestra de apoyo de matemáticas, Escuelas Públicas del Condado de Howard

Créditos de publicación

Rachelle Cracchiolo, M.S.Ed., *Editora comercial*
Conni Medina, M.A.Ed., *Redactora jefa*
Dona Herweck Rice, *Realizadora de la serie*
Emily R. Smith, M.A.Ed., *Realizadora de la serie*
Diana Kenney, M.A.Ed., NBCT, *Directora de contenido*
June Kikuchi, *Directora de contenido*
Véronique Bos, *Directora creativa*
Robin Erickson, *Directora de arte*
Caroline Gasca, M.S.Ed, *Editora superior*
Stacy Monsman, M.A.Ed., *Editora*
Karen Malaska, M.Ed., *Editora*
Michelle Jovin, M.A., *Editora asociada*
Sam Morales, M.A., *Editor asociado*
Fabiola Sepúlveda, *Diseñadora gráfica*
Jill Malcolm, *Diseñadora gráfica básica*

Creéditos de imágenes: Todas las imágenes provienen de iStock y/o Shutterstock.

Library of Congress Cataloging-in-Publication Data

Names: Avery, Logan, author.
Title: CTIM. Aviones de papel : componer numeros del 1 al 10 / Logan Avery.
Other titles: STEM. Paper airplanes. Spanish | Aviones de papel
Description: Huntington Beach, CA : Teacher Created Materials, Inc., [2020] | Series: Mathematics readers | Audience: K to grade 3.
Identifiers: LCCN 2018052849 | ISBN 9781425828301 (pbk.)
Subjects: LCSH: Paper airplanes--Juvenile literature. | Aerodynamics--Juvenile literature. | Counting--Juvenile literature.
Classification: LCC TL778 .A9418 2020 | DDC 745.592--dc23 LC record available at https://lccn.loc.gov/2018052849

Teacher Created Materials
5301 Oceanus Drive
Huntington Beach, CA 92649-1030
www.tcmpub.com

ISBN 978-1-4258-2830-1

Printed in China
Nordica.082019.CA21901320